www.karl-mueller-verlag.de

Text und Illustration: Hinrich Altemüller für INTERPILL MEDIA GMBH, Hamburg
Gestaltung: Altemüller Grafik-Design, Pinneberg
Französischsprachige Beratung: Dagmar Widegreen

Umschlaggestaltung: Kraft & Partner Werbeagentur GmbH

Printed in Hungary

ISBN: 3-89893-556-6

Le contenu • Inhalt

C'est moi • Das bin ich

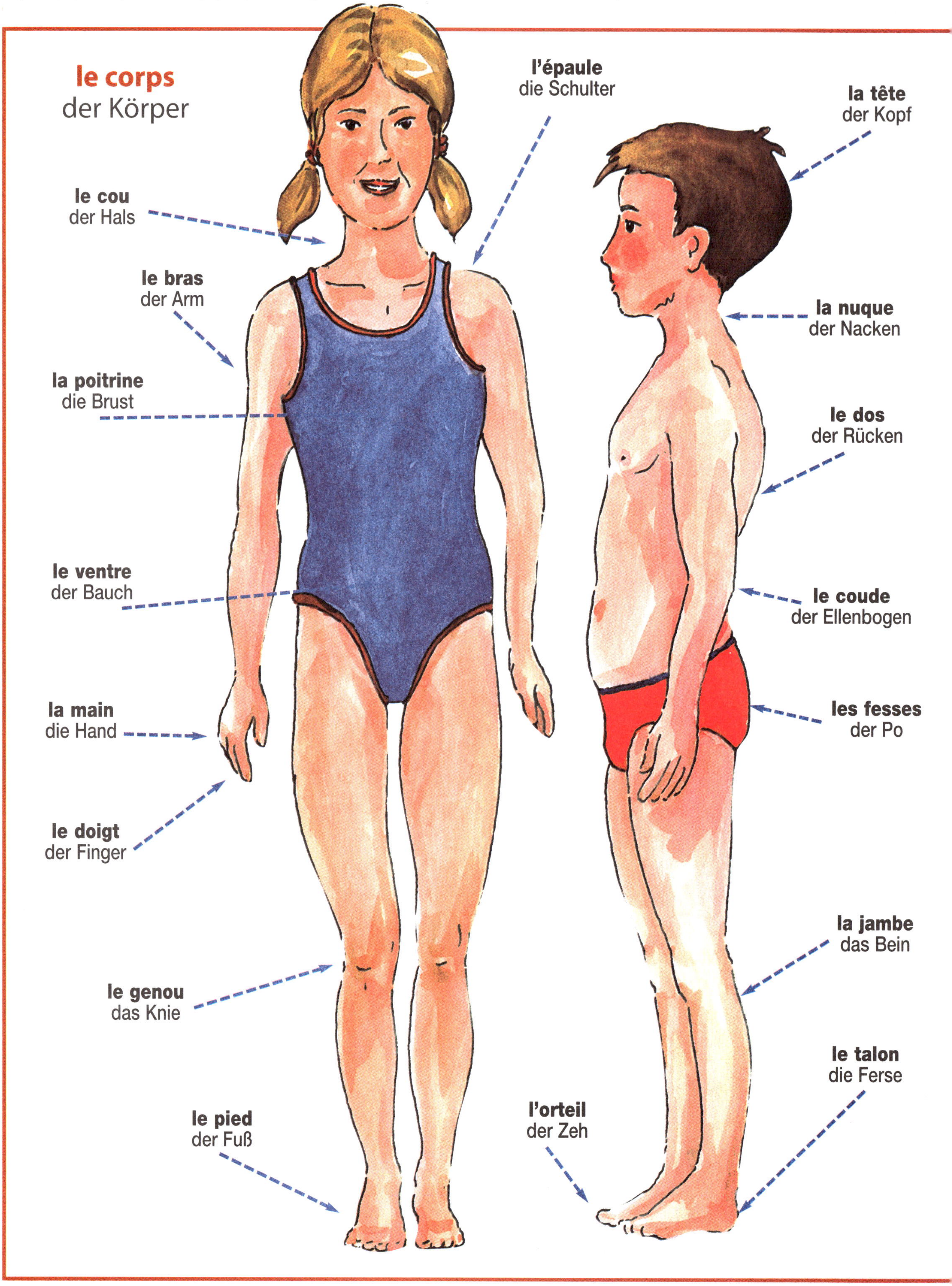

le visage
das Gesicht

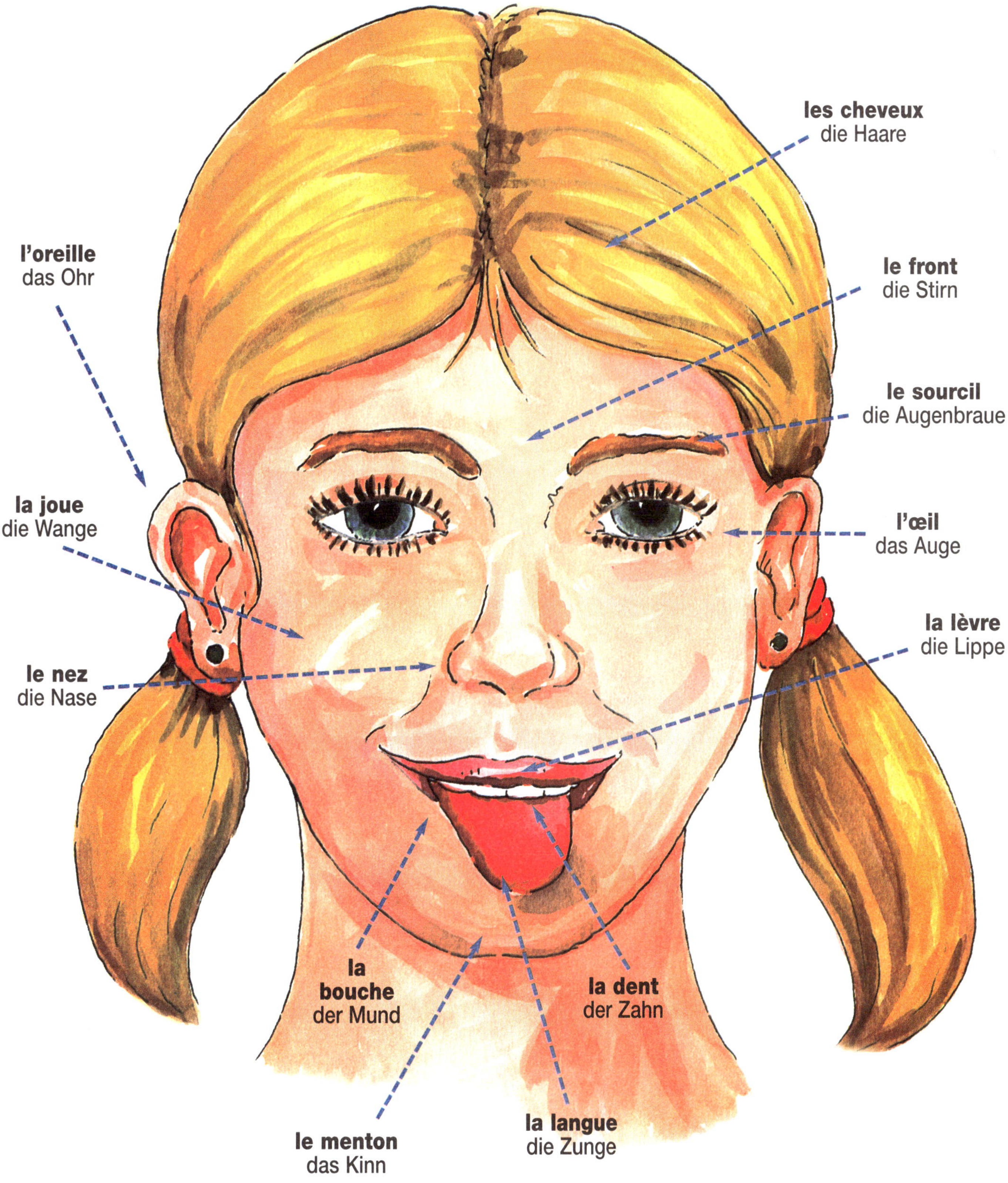

Ce que je fais • Was ich tue

pousser
schieben

(se) peigner
kämmen

tomber
hinfallen

caresser
streicheln

aller
gehen

lire
lesen

prendre
nehmen

donner
geben

se réveiller
aufwachen

boire
trinken

attraper
fangen

jeter
werfen

laver
waschen

être debout
stehen

embrasser
umarmen

Mes vêtements • Meine Kleidung

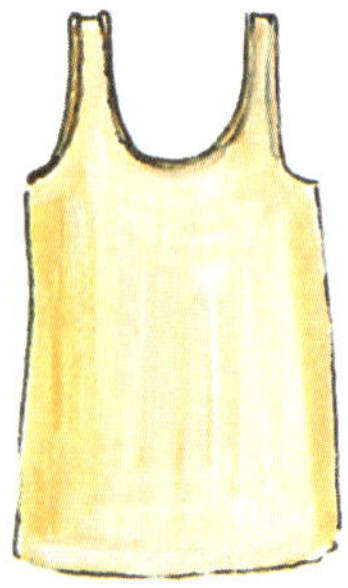

le maillot de corps
das Unterhemd

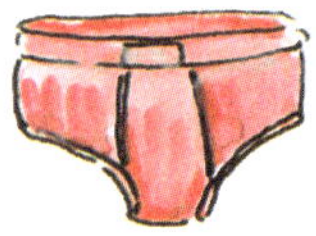

la culotte
die Unterhose

les chaussettes
die Socken

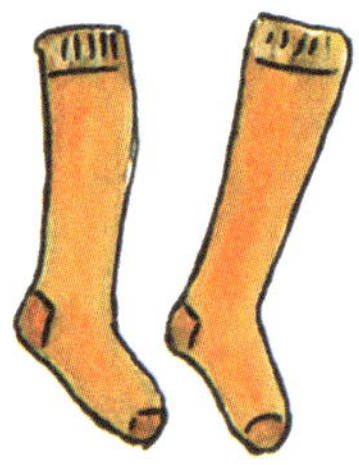

le bas
die Strümpfe

la veste
die Jacke

le chandail
das Sweatshirt

l'anorak
der Anorak

les sandales
die Sandalen

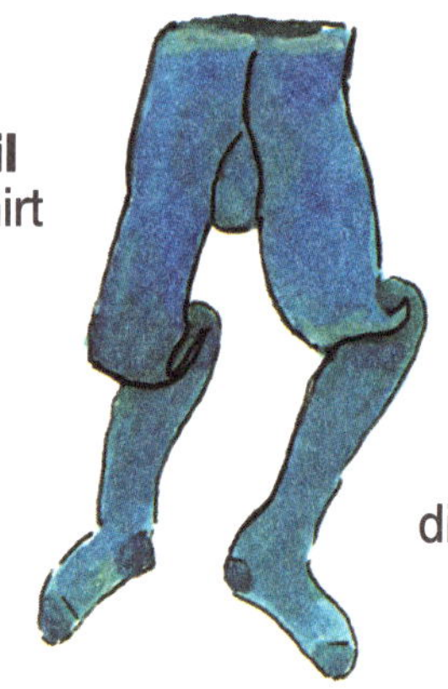

le collant
die Strumpfhose

la salopette
die Latzhose

la ceinture
der Gürtel

la chemise
das Hemd

le jean
die Jeans

le maillot de bain
der Badeanzug

le bracelet
das Armband

les bottes en caoutchouc
die Gummistiefel

le bouton
der Knopf

les chaussures
die Schuhe

le pyjama
der Schlafanzug

le bonnet
die Mütze

les gants
die Handschuhe

les chaussures de gymnastique
die Turnschuhe

le pull-over
der Pullover

le chemisier
die Bluse

l'écharpe
der Schal

la boucle d'oreille
der Ohrring

la chemise de nuit
das Nachthemd

le t-shirt
das T-Shirt

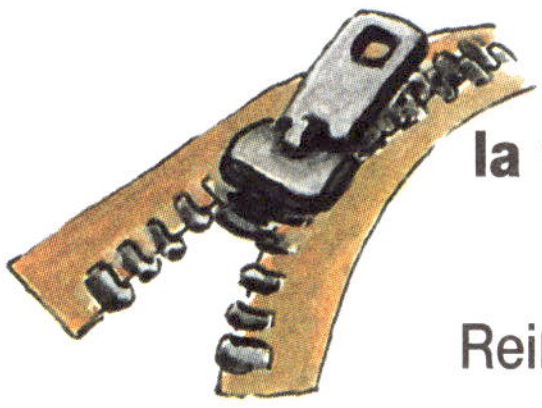

la fermeture eclair
der Reißverschluss

la montre
die Armbanduhr

l'anneau
der Ring

le bikini
der Bikini

les lunettes
die Brille

la jupe
der Rock

le manteau
der Mantel

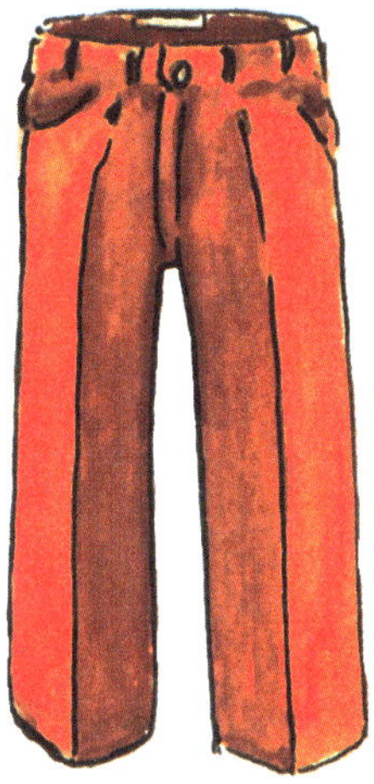

le pantalon
die Hose

le short
die kurze Hose

les pantoufles
die Hausschuhe

Dans notre maison • In unserem Haus

le fauteuil
der Sessel

la machine à laver
die Waschmaschine

le balai
der Besen

le sèche-linge
der Wäschetrockner

l'arrosoir
die Gießkanne

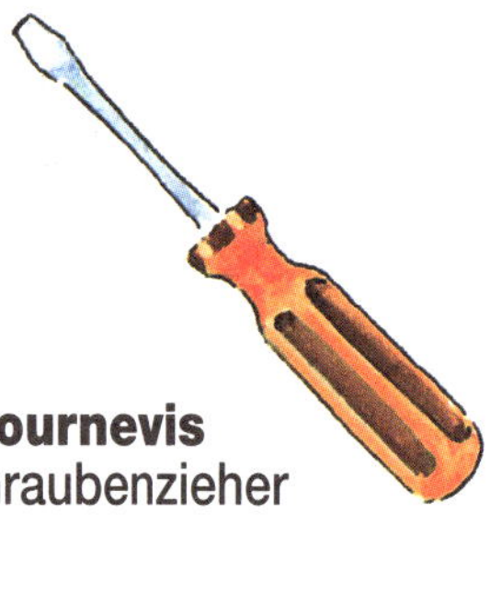

le tournevis
der Schraubenzieher

le panier à linge
der Wäschekorb

le trousseau de clés
das Schlüsselbund

la boîte aux lettres
der Briefkasten

la serpillière
der Wischmopp

la poubelle
die Mülltonne

l´aspirateur
der Staubsauger

le paillasson
die Fußmatte

le seau
der Eimer

la pince
die Zange

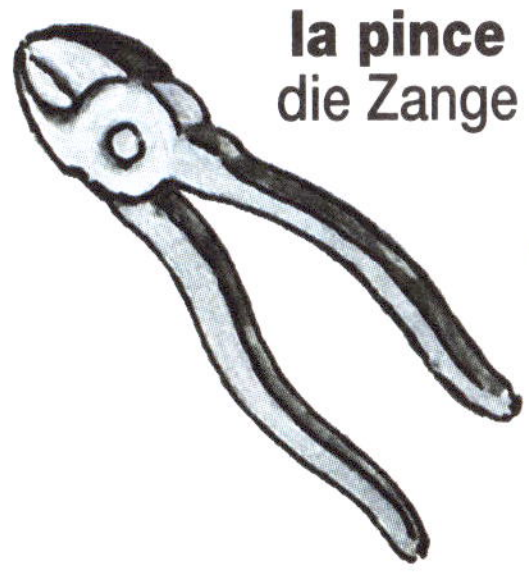

le marteau
der Hammer

Dans ma chambre • In meinem Kinderzimmer

la marionnette à gaine
die Handpuppe

la Gameboy
der Gameboy

la guitare
die Gitarre

l'ours en peluche
der Teddybär

le xylophone
das Xylophon

la flûte à bec
die Blockflöte

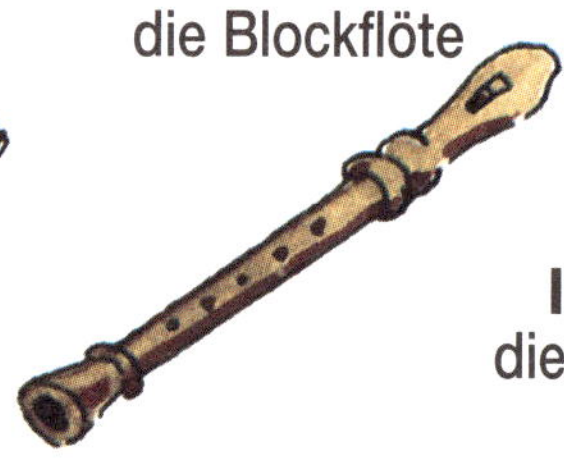

les pions
die Spielsteine

le puzzle
das Puzzle

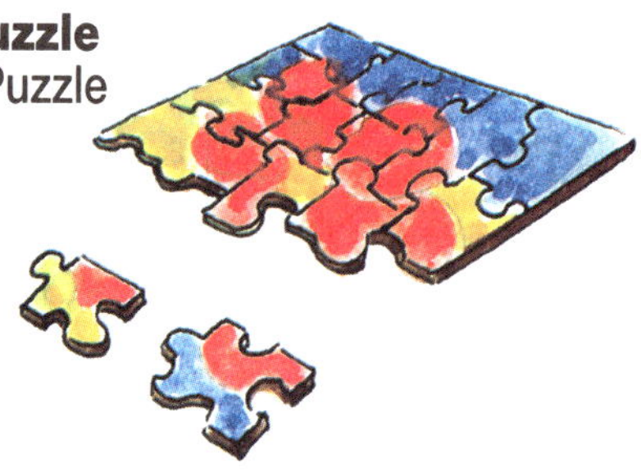

la marionnette
die Marionette

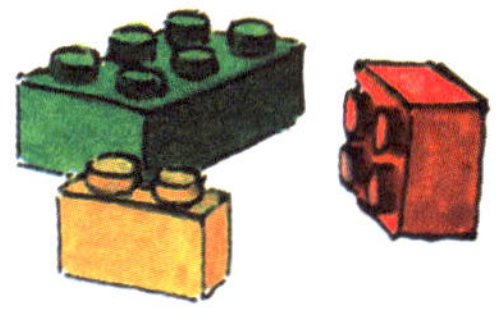

les Légos
die Legosteine

le dada
das Steckenpferd

la poupée
die Puppe

la voiture de poupée
der Puppenwagen

les cubes
die Bauklötze

le tapis de jeu
das Spielbrett

le jeu de cartes
das Kartenspiel

le dé
der Würfel

Dans notre salle de séjour • In unserem Wohnzimmer

l'ampoule
die Glühbirne

le livre
das Buch

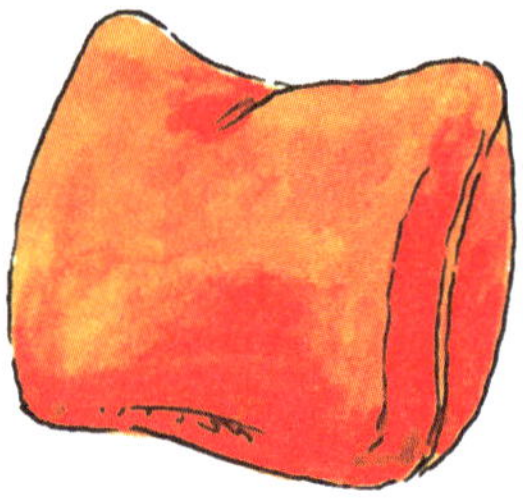

le coussin
das Kissen

le magazine
die Zeitschrift

la radio
das Radio

la cassette
die Kassette

la platine laser
der CD-Spieler

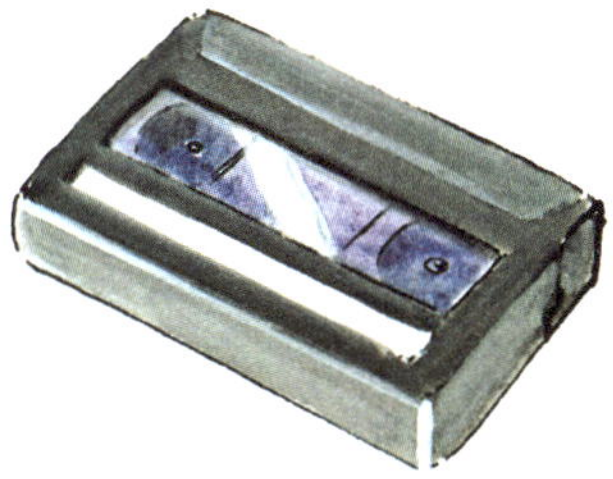

la vidéocassette
die Videokassette

la prise de courant
die Steckdose

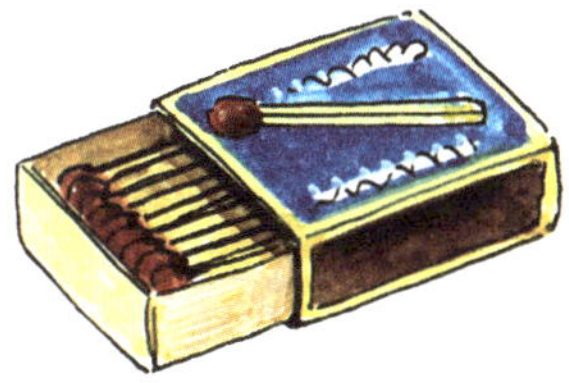

les allumettes
die Streichhölzer

le disque compact
die CD

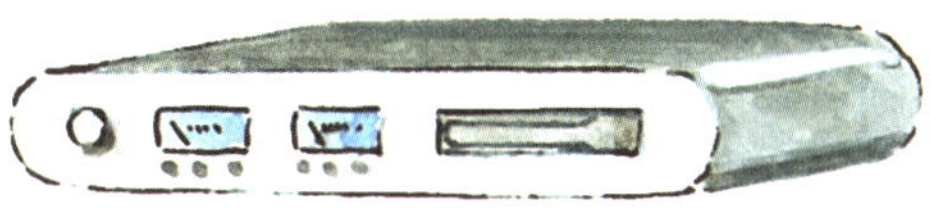

le magnétophone
der Kassettenrekorder

la télécommande
die Fernbedienung

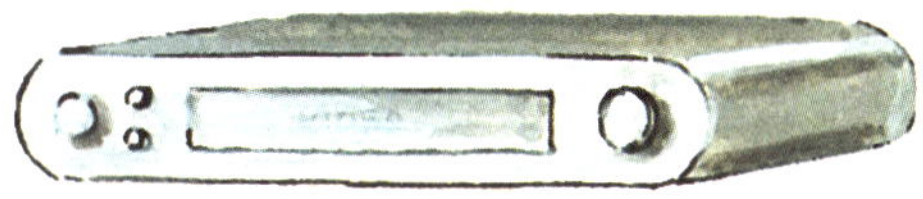

le magnétoscope
der Videorekorder

Dans notre cuisine • In unserer Küche

la tasse
die Tasse

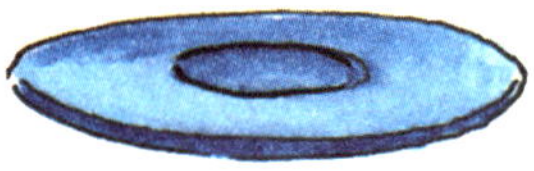

la soucoupe
die Untertasse

la louche
die Suppenkelle

le crible
das Sieb

le moule
die Kuchenform

l'assiette
der Suppenteller

la poêle
die Pfanne

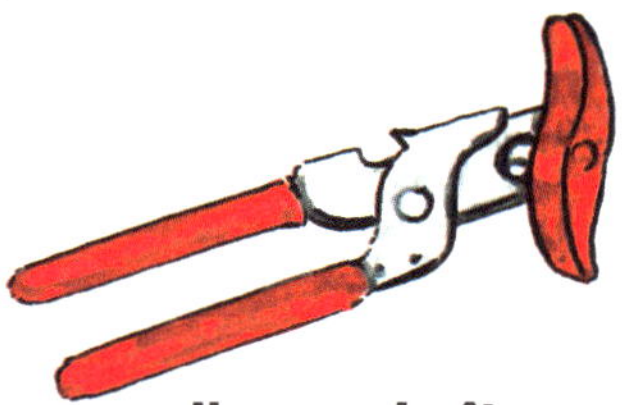

l'ouvre-boîte
der Dosenöffner

le coquetier
der Eierbecher

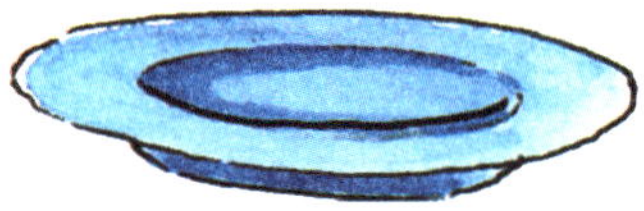

l'assiette
der Teller

le couteau
das Messer

la fourchette
die Gabel

la cuillère à soupe
der Esslöffel

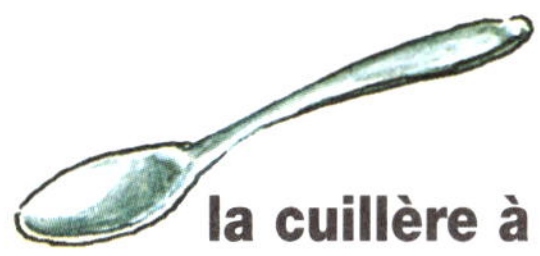

la cuillère à café
der Kaffeelöffel

le gobelet
der Becher

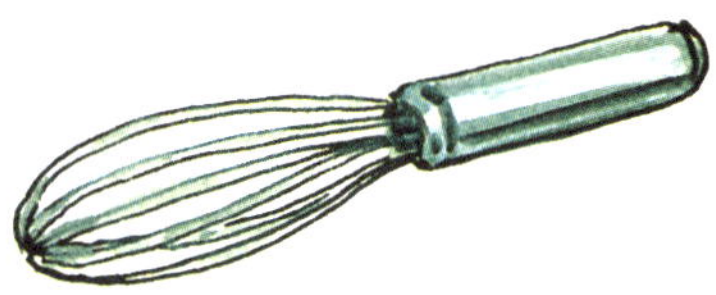

le fouet
der Schneebesen

l'éponge
der Schwamm

la brosse
die Bürste

le tire-bouchon
der Korkenzieher

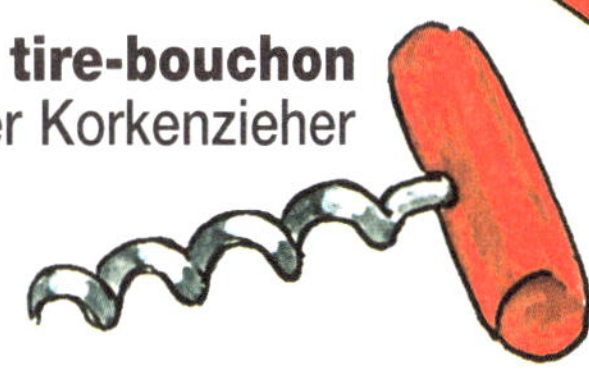

la spatule
der Pfannenwender

Pendant le repas • Beim Essen

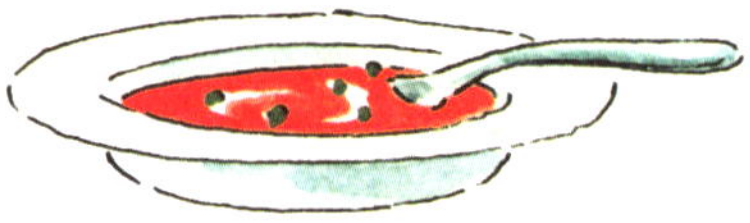

la soupe
die Suppe

la glace
das Eis

les pommes frites
die Pommes Frites

les bâtonnets de poisson
die Fischstäbchen

la moutarde
der Senf

le poulet
das Hähnchen

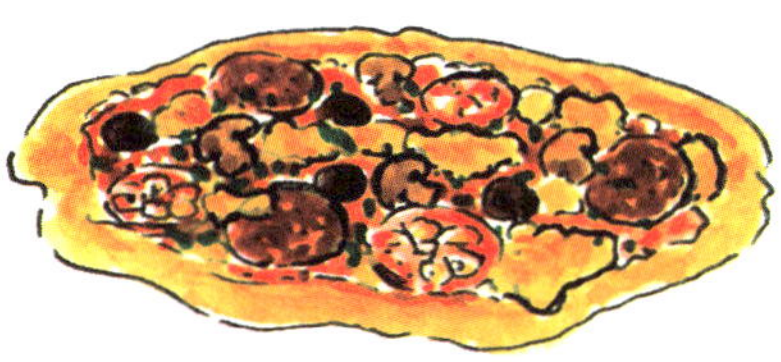

la pizza
die Pizza

le sel et de poivre
das Salz und der Pfeffer

l'escalope
das Schnitzel

le gâteau
der Kuchen

le jus
der Saft

le riz
der Reis

le hamburger
der Hamburger

les spaghettis
die Spagetti

la sauce
die Soße

la salade
der Salat

les légumes
das Gemüse

Notre salle de bains • Unser Badezimmer

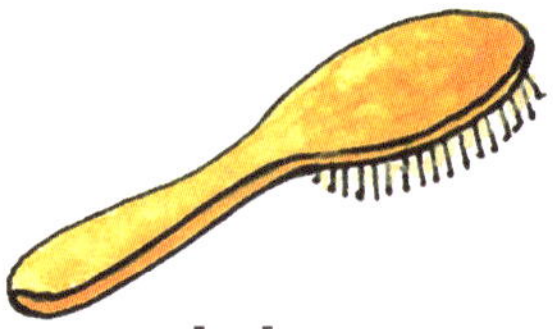

la brosse
die Bürste

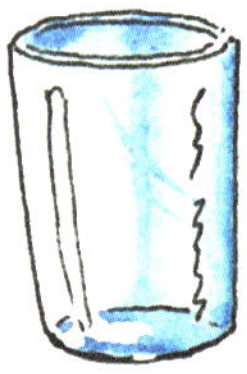

le verre à dents
der Zahnputzbecher

la trousse de toilette
der Waschbeutel

le parfum
das Parfüm

le rasoir
der Rasierapparat

le déodorant
das Deodorant

le savon
die Seife

le rouge à levres
der Lippenstift

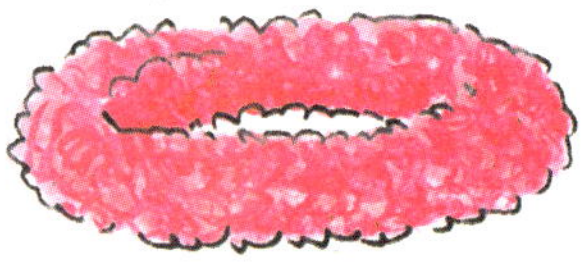

l'élastique
das Haargummi

l'après-rasage
das Rasierwasser

la crème
die Creme

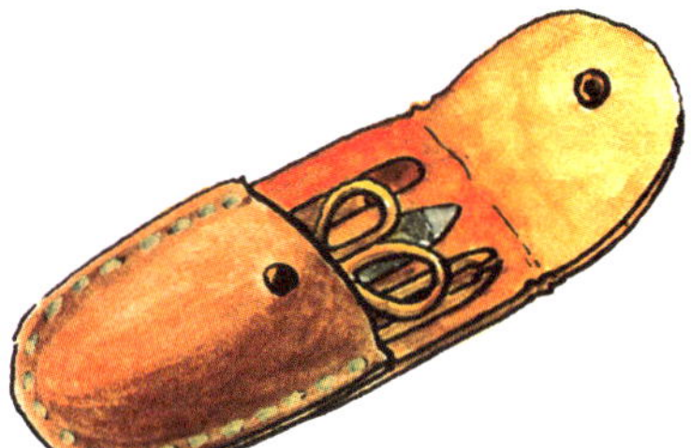

la trousse de manucure
das Nageletui

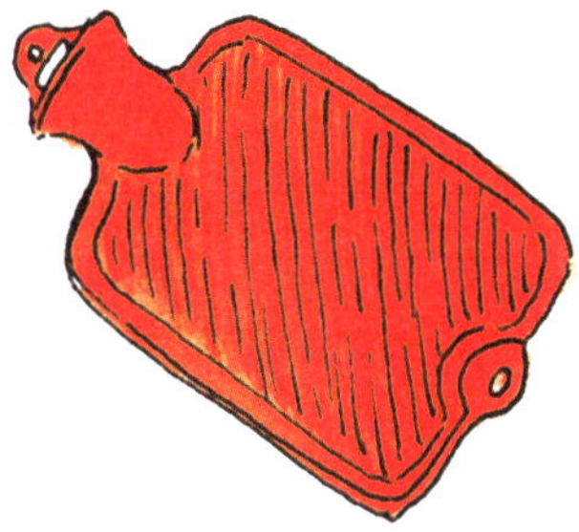

la bouillotte
die Wärmflasche

le bain mousse
das Schaumbad

le robinet
der Wasserhahn

la brosse à dents
die Zahnbürste

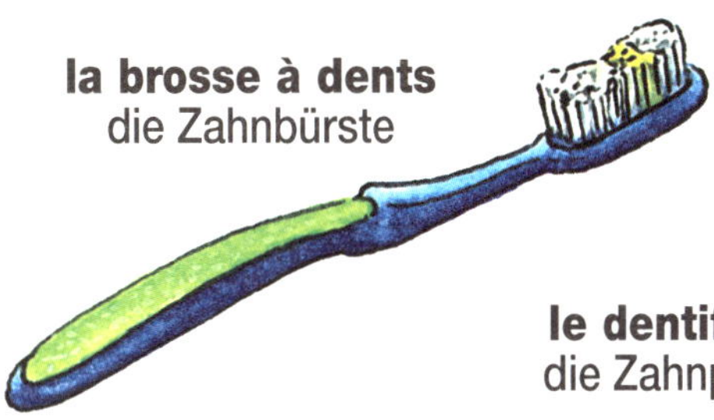

le dentifrice
die Zahnpasta

Dans notre ville • In unserer Stadt

la colonne d' affiches
die Litfaßsäule

la boîte aux lettres
der Briefkasten

le panneau d' agglomération
das Ortsschild

la bicyclette
das Fahrrad

le container pour ordures ménagères
der Müllcontainer

l'arrêt
die Haltestelle

le peintre de rue
der Straßenmaler

le parcomètre
die Parkuhr

le policier
der Polizist

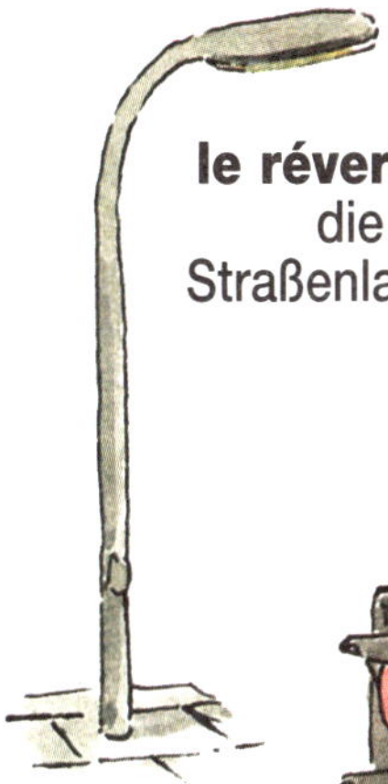

le réverbère
die
Straßenlaterne

le feu
die Ampel

le musicien
de rue
der
Straßenmusikant

la cabine
téléphonique
die
Telefonzelle

le taxi
das Taxi

À l'école • In der Schule

la gomme
der Radiergummi

le scotch
der Tesafilm

la colle
der Klebstoff

le bulletin
das Zeugnis

le cartable
der Schulranzen

les ciseaux
die Schere

le classeur
der Ordner

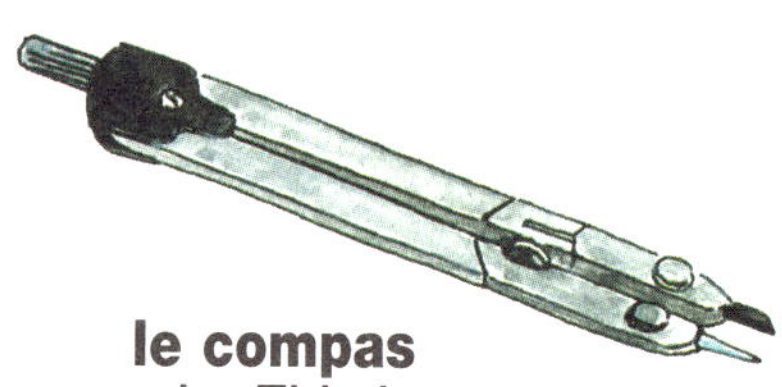

le compas
der Zirkel

le taille-crayon
der Anspitzer

le livre de classe
das Schulbuch

le casse-croûte
das Pausenbrot

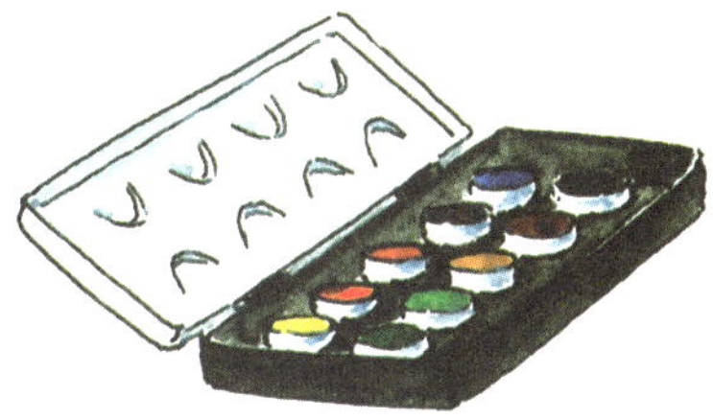

la boîte de couleurs
der Farbkasten

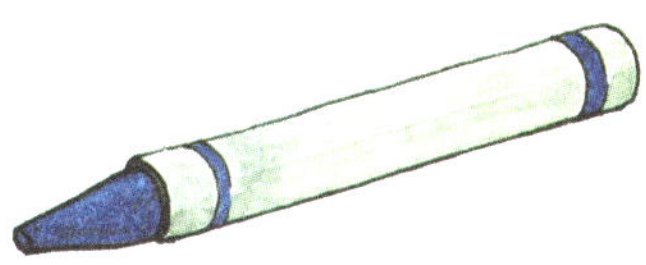

le crayon cire
der Wachsmalstift

la règle
das Lineal

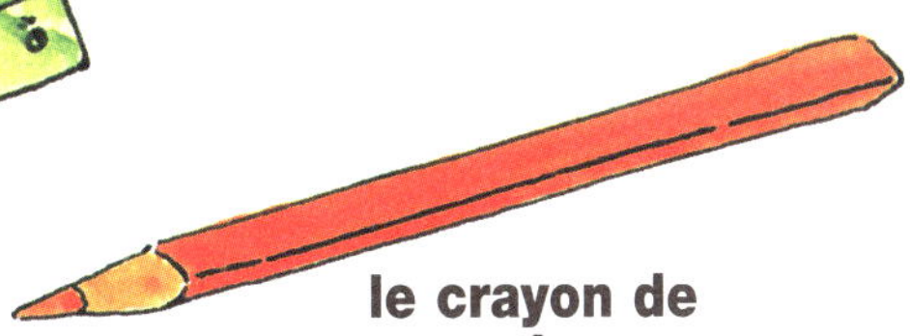

le crayon de couleur
der Buntstift

la trousse
das Federmäppchen

Au supermarché • Im Supermarkt

les pâtes
die Nudeln

le haricot
die Bohne

les biscuits
die Kekse

le chocolat
die Schokolade

les bonbons
die Bonbons

la carotte
die Mohrrübe

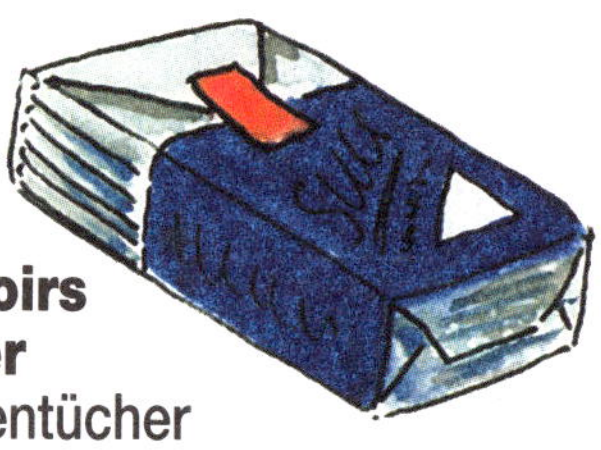

les mouchoirs en papier
die Papiertaschentücher

le citron
die Zitrone

le yaourt
der Jogurt

la farine
das Mehl

la cerise
die Kirsche

la sucette
der Lutscher

la crème chantilly
die Sahne

la bouteille
die Flasche

les petits pois
die Erbsen

la pêche
der Pfirsich

la poire
die Birne

le sel
das Salz

la fraise
die Erdbeere

Au zoo • Im Zoo

le crocodile
das Krokodil

la banane
die Banane

la boisson
das Getränk

le serpent
die Schlange

l'appareil photo
der Fotoapparat

le ticket
die Eintrittskarte

le cochon d'Inde
das Meerschweinchen

la saucisse
das Würstchen

le papillon
der Schmetterling

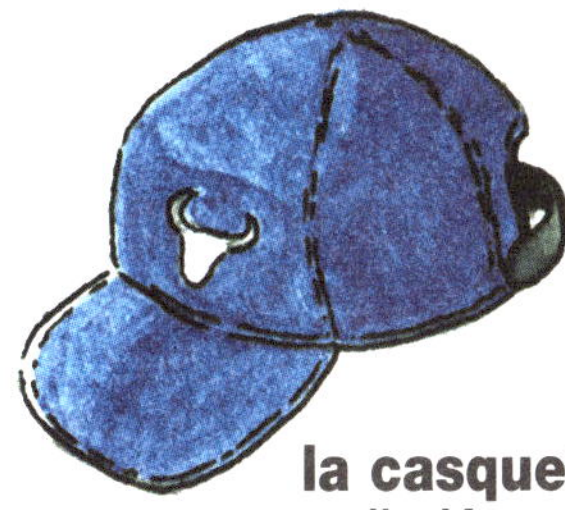

la casquette
die Kappe

le poisson
der Fisch

la poubelle
der Abfalleimer

la glace
das Eis

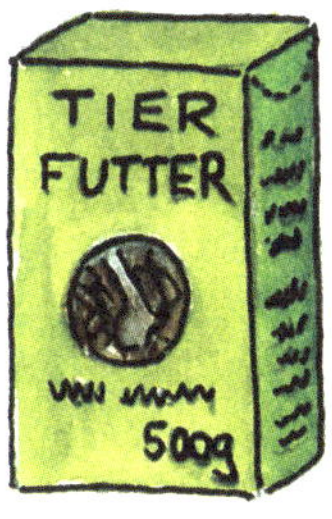

la nourriture pour animaux
die Tiernahrung

l´araignée
die Spinne

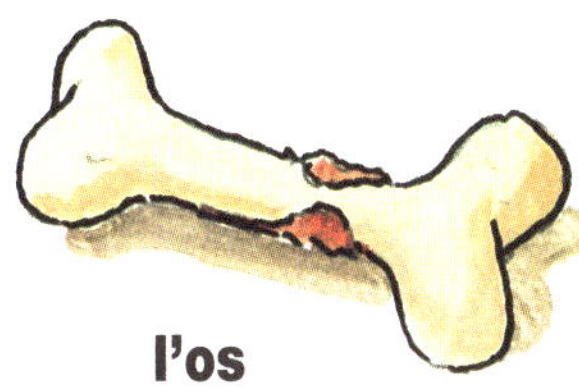

l'os
der Knochen

Au printemps à la ferme • Im Frühling auf dem Bauernhof

le cheval
das Pferd

le poulain
das Fohlen

le cochon
das Schwein

le porcelet
das Ferkel

le chien
der Hund

l'oie
die Gans

le canard
die Ente

le dindon
der Truthahn

le lapin
das Kaninchen

le mouton
das Schaf

l'agneau
das Lamm

le chat
die Katze

le coq
der Hahn

la vache
die Kuh

le veau
das Kalb

le taureau
der Stier

le poussin
das Küken

la poule
das Huhn

En été à la plage • Im Sommer am Meer

le seau de plage
der Sandeimer

la crevette
die Garnele

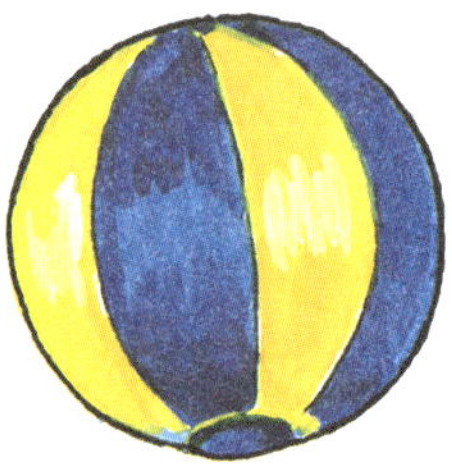

le ballon de water-polo
der Wasserball

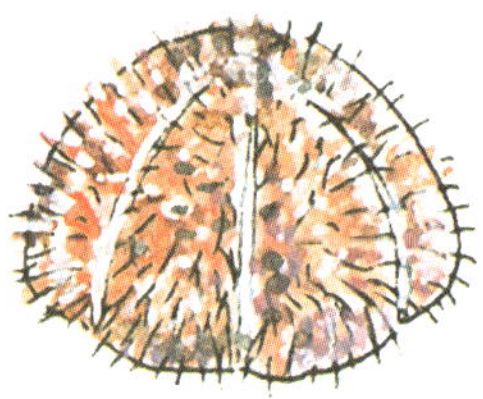

l'oursin
der Seeigel

le phoque
der Seehund

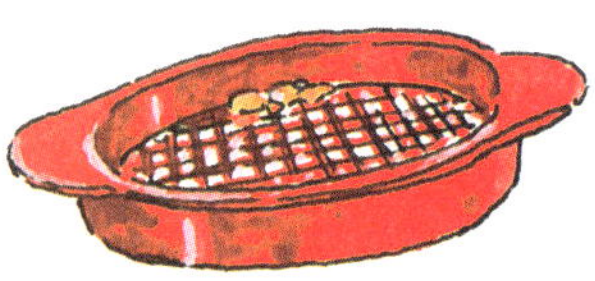

le crible
das Sieb

la sole
die Scholle

les lunettes de soleil
die Sonnenbrille

la pelle à sable
die Sandschaufel

la méduse
die Qualle

le moule à sable
die Sandform

le crabe
die Strandkrabbe

la loupe
die Lupe

le varech
der Seetang

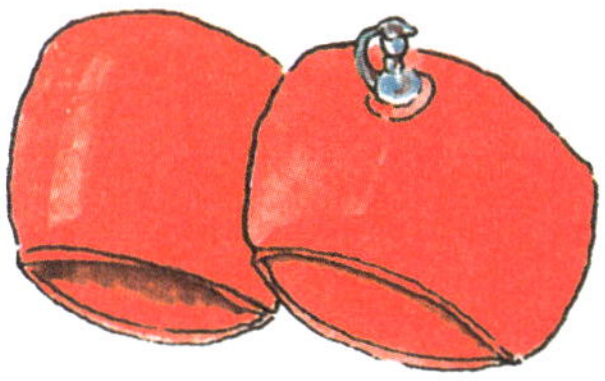

la bouée de natation
die Schwimmflügel

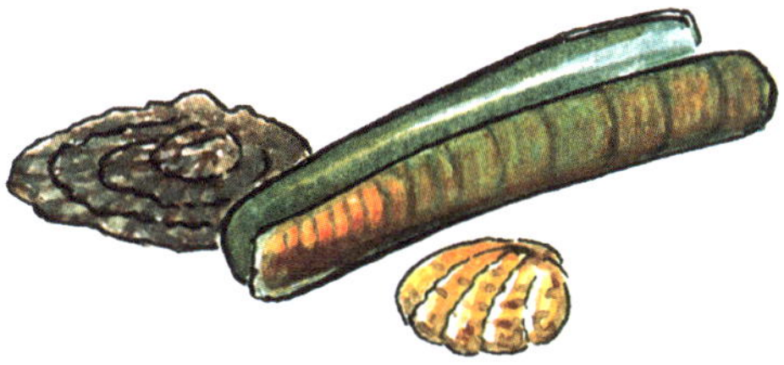

les coquillages
die Muscheln

La forêt et la prairie en automne • Wald und Wiese im Herbst

le cygne
der Schwan

la grenouille
der Frosch

le lièvre
der Hase

le chevreuil
das Reh

le lézard
die Eidechse

la fleur
die Blüte

la châtaigne
die Kastanie

l´ herbe
das Gras

l'araignée
die Spinne

le renard
der Fuchs

la taupe
der Maulwurf

les champignons
die Pilze

le hérisson
der Igel

la pomme
der Apfel

le ver de terre
der Regenwurm

la feuille
das Blatt

le gland
die Eichel

En hiver à la montagne • Im Winter in den Bergen

le bonhomme de neige
der Schneemann

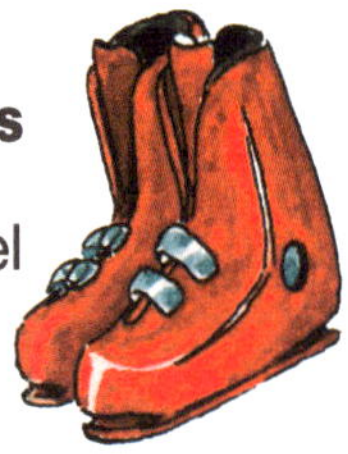

les chaussures de ski
die Skistiefel

la pelle à neige
die Schneeschippe

le sapin
die Tanne

le snowboard
das Snowboard

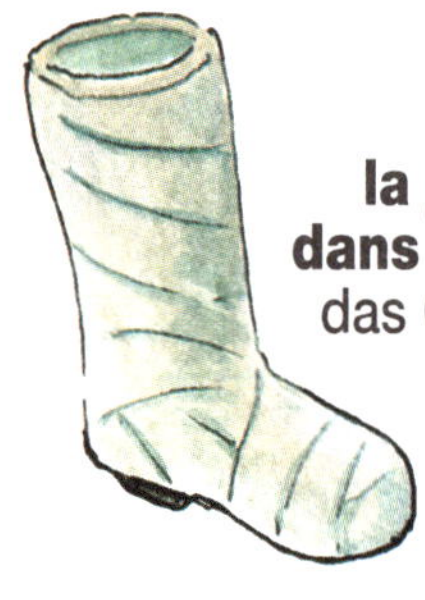

la jambe dans le plâtre
das Gipsbein

la ramure
das Geweih

les stalactites de glace
die Eiszapfen

la patineuse
die Schlittschuh-
läuferin

les skis
die Skier

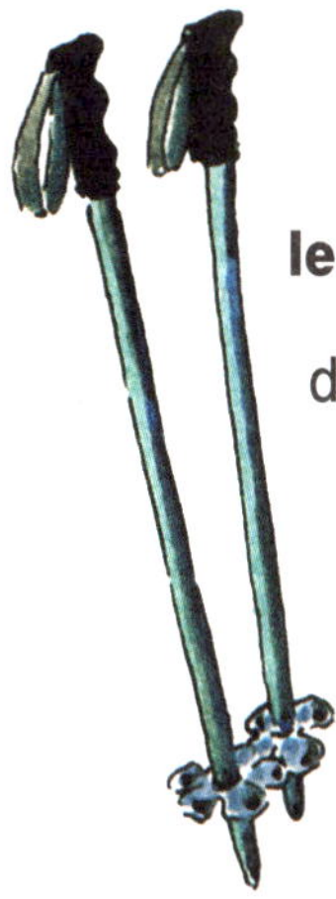

les bâtons de ski
die Skistöcke

la fumée
der Rauch

le Saint-Bernard
der Bernhardiner

la boule de neige
der Schneeball

la luge
der Schlitten

Ma famille • Meine Familie

Dans les airs • In der Luft

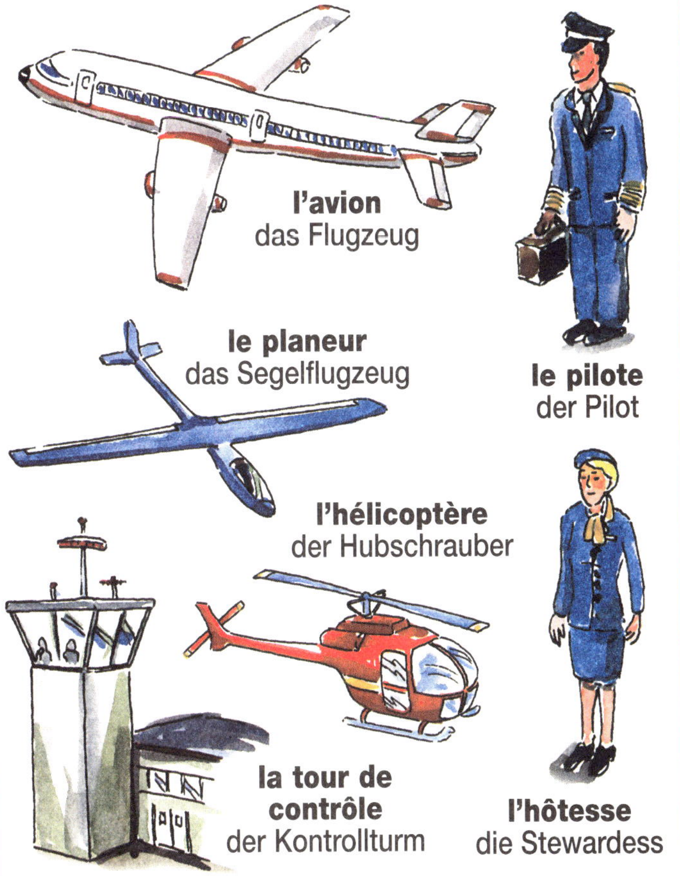

l'avion
das Flugzeug

le planeur
das Segelflugzeug

le pilote
der Pilot

l'hélicoptère
der Hubschrauber

la tour de contrôle
der Kontrollturm

l'hôtesse
die Stewardess

Dans la rue • Auf der Straße

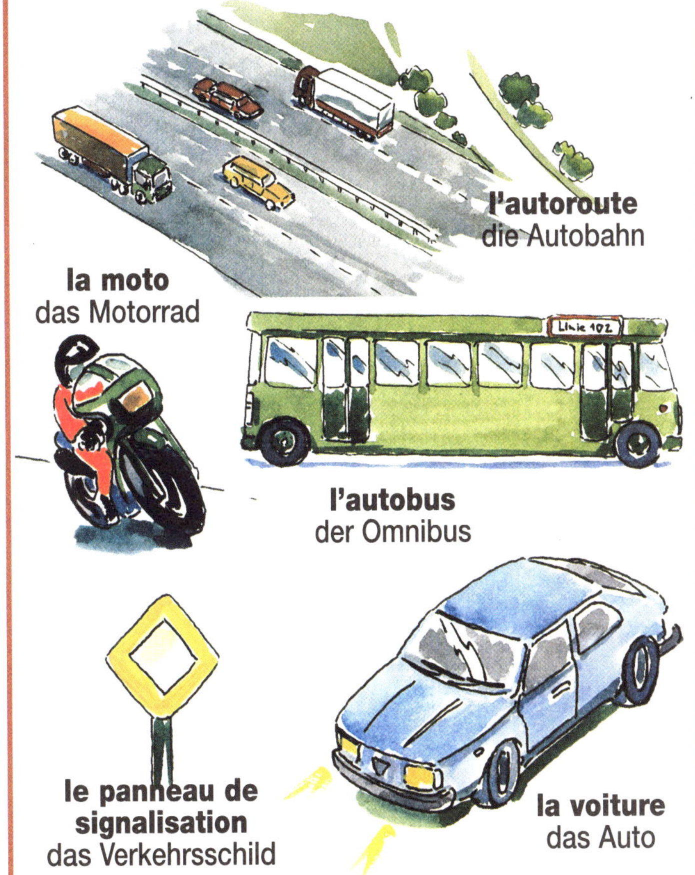

l'autoroute
die Autobahn

la moto
das Motorrad

l'autobus
der Omnibus

le panneau de signalisation
das Verkehrsschild

la voiture
das Auto

Sur les rails • Auf den Schienen

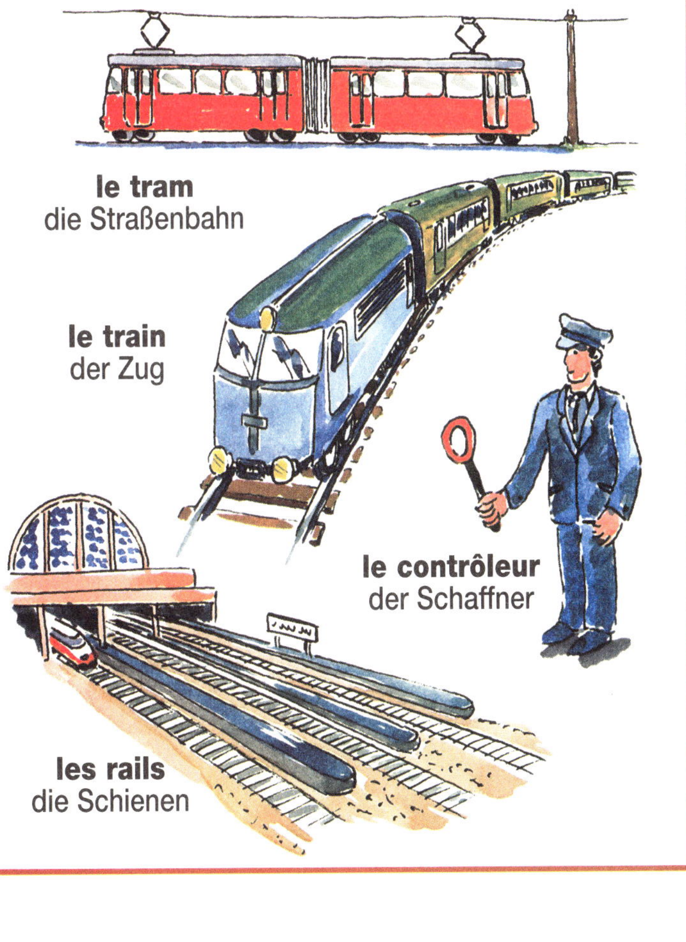

le tram
die Straßenbahn

le train
der Zug

le contrôleur
der Schaffner

les rails
die Schienen

Sur l´eau • Auf dem Wasser

le port
der Hafen

le bac
die Fähre

le bateau
das Schiff

le capitaine
der Kapitän

l'aéroglisseur
das Luftkissenboot

le matelot
der Matrose

le canot à moteur
das Motorboot

Les contraires • Gegensätze

mouillé
nass

sec
trocken

laid
hässlich

beau
schön

sain
gesund

malade
krank

court
kurz

long
lang

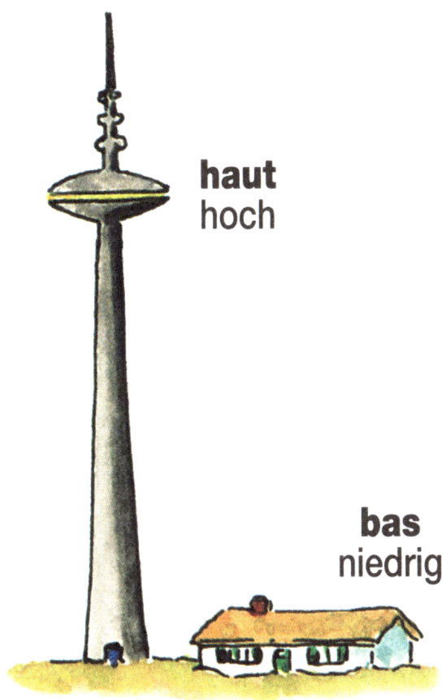

haut
hoch

bas
niedrig

froid
kalt

chaud
heiß

dur
hart

mou
weich

triste
traurig

gai
fröhlich

le premier
Erster

le dernier
Letzter

Le temps et les jours • Uhrzeit und Wochentage

La semaine • die Woche

lundi **mardi** **mercredi** **jeudi** **vendredi** **samedi** **dimanche**

une semaine = 7 jours
eine Woche = 7 Tage

Le temps • die Uhrzeit

la pendule
die Uhr

la petite aiguille
der kleine Zeiger

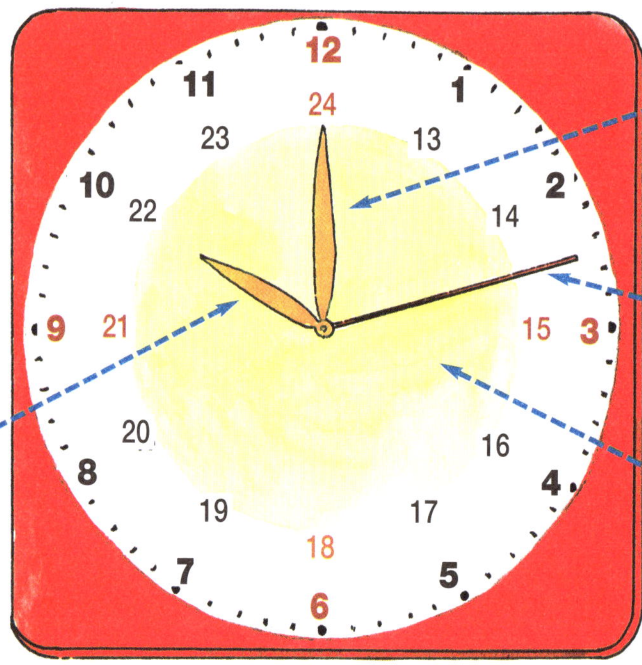

la grande aiguille
der große Zeiger

l'aiguille des secondes
der Sekundenzeiger

le cadran
das Zifferblatt

un jour = 24 heures
ein Tag = 24 Stunden

une heure = 60 minutes
eine Stunde = 60 Minuten

une minute = 60 secondes
ein Minute = 60 Sekunden

huit heures
acht Uhr

huit heures vingt
zwanzig nach acht

huit heures et quart
viertel nach acht

huit heures et demie
halb neun

neuf heures moins cinq
fünf vor neun

huit heures moins le quart
viertel vor acht

1 **un**/ eins | **2** **deux** / zwei | **3** **trois** / drei | **4** **quatre** / vier | **5** **cinq** / fünf

6 **six** / sechs | **7** **sept** / sieben | **8** **huit** /acht | **9** **neuf** / neun | **10** **dix** / zehn

11 **onze** / elf | **12** **douze** / zwölf | **13** **treize** / dreizehn | **14** **quatorze** / vierzehn | **15** **quinze** / fünfzehn

16 **seize** / sechzehn | **17** **dix-sept** / siebzehn | **18** **dix-huit** / achtzehn | **19** **dix-neuf** / neunzehn | **20** **vingt** / zwanzig

La liste de mots • Wörterliste

A

Abfalleimer	la poubelle (la puhbäll)	29
acht	huit (uit)	43
achtzehn	dix-huit (diesuit)	43
Affe	le singe (le sinsch)	28
Ameisenhaufen	la fourmilière (la fuhrmieliär)	35
Ampel	le feu (le föh)	23
Anhänger (Auto)	la remorque (la remork)	30
Anorak	l'anorak (lanorak)	8
anschauen	regarder (regardee)	6
Anspitzer	le taille-crayon (le teikreejon)	25
Apfel	la pomme (la pomm)	35
Apotheke	la pharmacie (la farmassii)	22
Arm	le bras (le bra)	4
Armband	le bracelet (le brasselee)	8
Armbanduhr	la montre (la montre)	9
Ast	la branche (la bransch)	35
aufräumen	ranger (ranschee)	6
aufwachen	se réveiller (se reevejee)	7
Auge	l'œil (löij)	5
Augenbraue	le sourcil (suhrssii)	5
Auto	la voiture (la woatür)	39
Autobahn	l'autoroute (l'otoruht)	39

B

Backofen	le four (le fuhr)	17
Badeanzug	le maillot de bain (le meijoh de ben)	8
Bademantel	le peignoir de bain (le pehnoar de ben)	20
Badewanne	la baignoire (la bänoar)	21
Bäckerei	la boulangerie (la buhlanschrie)	26
Bäuerin	la paysanne (la pehjsann)	30
Balkon	le balcon (le balkon)	11
Ball	la balle (la ball)	13
Banane	la banane (la banan)	28
Bank (Sparkasse)	la banque (bank)	22
Bauch	le ventre (le ventr)	4
Bauer	le paysan (la pehjsan)	31
Bauernhaus	le corps de ferme (le kor de ferm)	30
Bauklötze	les cubes (lee küb)	13
Baum	l'arbre (larbre)	35
Becher	le gobelet (le gohblee)	17
Beet	la planche (la plansch)	11
Bein	la jambe (la schamb)	4
Bernhardiner	le Saint-Bernard (le senbernard)	37
Besen	le balai (le balee)	10
Bett	le lit (le lii)	12
Bettdecke	la couverture de lit (la kuhwärtür de lii)	12
Bikini	le bikini (le bikini)	9
Bild (im Rahmen)	le tableau (le tablo)	14
Birne	la poire (la poar)	27
Blatt	la feuille (la feuij)	25/35
Blockflöte	la flûte à bec (la flühtabeck)	12
Blüte	la fleur (la flör)	34
Blumenladen	le magasin de fleuriste (le magasen de flöriest)	22
Bluse	le chemisier (schemiisiee)	9
Bohne	le haricot (le arrikoh)	26
Bonbons	les bonbons (lee bonbon)	26
Brett	la planche (la plansch)	17
Briefkasten	la boîte aux lettres (la boat oh lättre)	11/22
Brille	les lunettes (lee lünett)	9
Brötchen	les petits pains (lee petii pän)	18
Brot	le pain (le pän)	18
Brücke	le pont (le pon)	34
Brust	la poitrine (la poatriin)	4
Buch	le livre (le liiwr)	14
Buchstabe	la lettre (la lättr)	24
Büro	le bureau (le büro)	22
Bürste	la brosse (la bross)	17/20
Buntstift	le crayon de couleur (le krehjon de kuhlör)	25

C

Café	le café (le kaffee)	23
CD	le disque compact (le diesk kompakt); le CD (le sseedee)	15
CD-Spieler	la platine laser (la platiin läisär)	14
Comicheft	la bande dessinée (la band dässieneh)	13
Computer	l'ordinateur (lordienatör)	13
Cousin	le cousin (le kuhsen)	38
Cousine	la cousine (kuhsiin)	38
Creme	la crème (la krämm)	21

D

Dach	le toit (le toa)	30
Dachboden	le grenier (le greniee)	10
Deodorant	le déodorant (le deodorant)	20
dick	gros (groh)	40
Dienstag	mardi (mardii)	42
Donnerstag	jeudi (schöhdii)	42
Dorf	le village (le wiilaasch)	35
Dosenöffner	l'ouvre-boîte (luhwrboatt)	16
Drachen	le cerf-volant (le ssärfwolan)	33/34
drei	trois (troa)	43
dreizehn	treize (träs)	43
Düne	la dune (düün)	32
dünn	mince (menss)	40
Dusche	la douche (la duusch)	21
Duschvorhang	le rideau de douche (le riedoh de dusch)	21

E

Ei	l'œuf (l'öff)	19
Eichel	le gland (le glan)	35
Eidechse	le lézard (le leesar)	34
Eierbecher	le coquetier (le koktjee)	16
Eimer	le seau (le ssoo)	11
Eingang	l'entrée (lentree)	28
Einkaufswagen	le chariot (le schario)	27
eins	un (ön)	43
Eintrittskarte	le ticket (le tiekee)	28
Eis	la glace (la glass)	18/29
Eisbär	l'ours blanc (luhrs blan)	28
Eiszapfen	les stalactites de glace (lee stalaktitt de glaas)	36
Elefant	l'éléphant (leeleefan)	29
elf	onze (onss)	43
Ellenbogen	le coude (le kuhd)	4
Ente	le canard (le kanar)	30
Erbsen	les petits pois (lee petie poa)	27
Erdbeere	la fraise (la fräs)	27
Erster	le premier (premier)	41
Esslöffel	la cuillère à soupe (la kwijär a suup)	17

F

Fähre	le bac (le bak)	39
Fahrrad	la bicyclette (la biessieeklett)	22
Familie	la famille (la famiej)	29
fangen	attraper (attrappee)	7
Farbkasten	la boîte de couleurs (la boatt de kuhlör)	25
Federmäppchen	la trousse (la truhss)	25
Feld	le champ (le scham)	31
Ferkel	le porcelet (le porsselee)	30
fern	loin (loa)	40
Fernbedienung	la télécommande (la teeleekomand)	15
Fernseher	le téléviseur (le teeleewiesör)	14
Ferse	le talon (le talon)	4
Feuer	le feu (le föh)	15
Finger	le doigt (le doa)	4
Fisch	le poisson (le poasson)	29
Fischkutter	le cotre de pêche (le kottr de päsch)	32
Fischstäbchen	les bâtonnets de poisson (lee batonee de poasson)	18
Flasche	la bouteille (la buhtej)	27

Q

Qualle	la méduse (la meedüs)	33
Quark	le fromage blanc (le fromaasch blan)	19

R

Radiergummi	la gomme (la gomm)	24
Radio	la radio (la radio)	14
Rasen	la pelouse (la peluus)	11
Rasierapparat	le rasoir (le rasoa)	20
Rasierwasser	l'après-rasage (laprä rasaasch)	21
Rathaus	l'hôtel de ville (lotel de wiil)	23
rau	âpre (apre)	40
Rauch	la fumée (la fümee)	37
rechnen	calculer (kalkülee)	6
rechts	droite (droat)	40
reden	parler (parlee)	6
Regal	l'étagère (leetschär)	13
Regenwurm	le ver de terre (le wär de tär)	35
Reh	le chevreuil (le schäwröij)	34
Reinigungsmittel	les produits nettoyants (lee produi nettojan)	26
Reis	le riz (le rii)	19
Reißverschluss	la fermeture éclair (la färmtür eeklär)	9
Reklame	la publicité (la pübliissitee)	23
rennen	courir (kuriir)	6
Restaurant	le restaurant (le restoran)	23
Ring	l'anneau (lanno)	9
Rock	la jupe (la schüüp)	9
Rücken	le dos (le doo)	4

S

Saft	le jus (le schüü)	19
Sahne	la crème chantilly (la kräm schantijii)	27
Salat	la salade (la salad)	19
Salz	le sel (le ssell)	18/27
Samstag	samedi (ssamdii)	42
Sandalen	les sandales (lee ssandall)	8
Sandeimer	le seau de plage (le ssoo de plaasch)	32
Sandform	le moule à sable (le muul a sabl)	33
Sandschaufel	la pelle à sable (la päll a sabl)	33
sauber	propre (proppre)	40
Schaf	le mouton (le muton)	31
Schaffner	le contrôleur (le kontroolör)	39
Schal	l'écharpe (leescharp)	9
Schaumbad	le bain mousse (le bän muhss)	21
Schere	les ciseaux (lee ssiisoh)	24
Scheune	la grange (la gransch)	30
schieben	pousser (puussee)	7
Schienen	les rails (lee räijl)	39
Schiff	le bateau (le bato)	33/39
Schlafanzug	le pyjama (le piischama)	8
schlafen	dormir (dormiir)	6
Schlange	le serpent (le serpen)	28
Schlitten	la luge (la lüsch)	37
Schlittschuhläufer(in)	le patineur (le patinör)/ la patineuse (la patinös)	37
Schlüsselbund	le trousseau de clés (le truussoo de klee)	10
Schmetterling	le papillon (le paapiijon)	29
schmutzig	sale (ssall)	40
Schnee	la neige (la näsch)	37
Schneeball	la boule de neige (la buul de näsch)	37
Schneebesen	le fouet (le fuuee)	17
Schneemann	le bonhomme de neige (le bonomm de näsch)	36
Schneeräumfahrzeug	le chasse-neige (le schassnäsch)	37
Schneeschippe	la pelle à neige (la päll a näsch)	36
schnell	vite (wiet)	40
Schnitzel	l'escalope (läskalopp)	18
schön	beau (boo)	41
Schokolade	le chocolat (le schokola)	26
Scholle	la sole (la soll)	32
Schornstein	la cheminée (la scheminee)	11
Schrank	l'armoire (larmoar)	14
Schraubenzieher	le tournevis (le tuurnwiis)	10
Schreibtisch	le bureau (le büro)	13
schreien	crier (kriiee)	6
Schüler	l'élève (leeläw)	25
Schülerin	l'élève (leeläw)	25
Schürze	le tablier (le tabliee)	16
Schuhe	les chaussures (lee schossür)	8
Schulbuch	le livre de classe (le liewr de klass)	25
Schulhof	la cour de l'école (la kuur de leekoll)	25
Schulranzen	le cartable (le kartaable)	24
Schulter	l'épaule (leepoll)	4
Schwamm	l'éponge (leeponsch)	17/24
Schwan	le cygne (le ssiinje)	34
Schwein	le cochon (le koschon)	30
schwer	lourd (luur)	40
Schwimmflügel	la bouée de natation (la buee de natassio)	33
sechs	six (ssiis)	43
sechzehn	seize (ssäs)	43
See (der See)	le lac (le lak)	34
Seehund	le phoque (le fok)	29/32
Seeigel	l'oursin (lursän)	32
Seetang	le varech (le waräsch)	33
Segelflugzeug	le planeur (le planör)	39
Seife	le savon (le sawon)	20
Seilbahn	le téléférique (le teeleefeerick)	36
Sekunde	la seconde (la second)	42
Sekundenzeiger	l'aiguille des secondes (leeguii dee sekond)	42
Senf	la moutarde (le mutard)	18
Sense	la faux (la foh)	31
Sessel	le fauteuil (le footeuij)	10
Sieb	le crible (le kriible)	16/32
sieben	sept (sett)	43
siebzehn	dix-sept (diissett)	43
singen	chanter (schantee)	6
sitzen	être assis (ätre assii)	6
Skier	les skis (lee skii)	37
Skihütte	le refuge (le refüsch)	37
Skilift	le téléski (le teeleeskii)	36
Skistiefel	les chaussures de ski (lee schoossür de skii)	36
Skistöcke	les bâtons de ski (les batton de skii)	37
Snowboard	le snowboard (le snoboard)	36
Socken	les chaussettes (lee schossätt)	8
Sofa	le divan (le diiwan)	14
Sohn	le fils (le fiis)	38
Sommer	l'été (leetee)	32
Sonderangebot	l'offre spéciale (loffre spessiall)	26
Sonnenbrille	les lunettes de soleil (lee lünät de solaij)	32
Sonntag	dimanche (dimansch)	42
Soße	la sauce (la sooss)	19
Spagetti	les spaghettis (lee spagettii)	19
Spiegel	le miroir (le miroa)	20
Spielbrett	le tapis de jeu (le tappi de schö)	13
spielen	jouer (schuuee)	6
Spielsteine	les pions (lee pion)	12
Spielzeugauto	la petite auto (la petietsoootoo)	13
Spinne	l'araignée (larägnee)	35
springen	sauter (ssotee)	6
Stadion	le stade (le stadd)	36
Stall	l'étable (leetable)	31
Stamm	le tronc (le tron)	35
Staubsauger	l'aspirateur (laspiiratör)	11
Steckdose	la prise de courant (la priis de kuran)	15
Steckenpferd	le dada (le dada)	13
stehen	être debout (ätre debuh)	7
Stein	la pierre (la piär)	35
Stereoanlage	la chaîne stéréo (la schän stereo)	14
Stewardess	l'hôtesse (lotess)	39
Stier	le taureau (le toro)	31
Stirn	le front (le fron)	5
Strand	la plage (la plaasch)	32
Strandkorb	le fauteuil-cabine (le footöjkabiin)	33
Strandkrabbe	le crabe (le krabb)	33
Straßenbahn	le tram (le tramm)	39
Straßenlaterne	le réverbère (le reewerbär)	23
Straßenmaler	le peintre de rue (le pentre de rüh)	22

Straßenmusikant	le musicien de rue (le müsiessien de rüh)	23
Strauß (Vogel)	l'autruche (lotrüsch)	29
streicheln	caresser (karrässee)	7
Streichhölzer	les allumettes (leesalümätt)	15
Strohballen	la balle de paille (la ball de peij)	31
Strümpfe	les bas (lee ba)	8
Strumpfhose	le collant (le kollan)	8
Stunde	l'heure (lörr)	42
Süßigkeiten	les sucreries (lee ssükrerii)	27
Supermarkt	le supermarché (le ssüpärmarschee)	26
Suppe	la soupe (la suup)	18
Suppenkelle	la louche (la luusch)	16
Suppenteller	l'assiette (lassiätt)	16
Sweatshirt	le chandail (le schandei)	8

T

Tafel	le tableau (le tabloo)	25
Tag	le jour (le juur)	42
Tanne	le sapin (le ssapen)	36
Tante	la tante (la tant)	38
Tasche	le sac (le sack)	27
Tasse	la tasse (la tass)	16
Taxi	le taxi (le taxi)	23
Teddybär	l'ours en peluche (lurs en pellüsch)	12
Telefon	le téléphone (le teeleefonn)	14
Telefonzelle	la cabine téléphonique (la kabiin teeleefoniik)	23
Teller	l'assiette (lassiätt)	16
Teppich	le tapis (le tapii)	14
Tesafilm	le scotch (le skotsch)	24
Tiernahrung	la nourriture pour animaux (la nuriitür puhranimoo)	26/29
Tierwärter	le gardien de zoo (le gardien de soo)	29
Tiger	le tigre (le tiigre)	29
Tisch	la table (la taable)	15
Toastbrot	le toast (le toost)	18
Tochter	la fille (la fiie)	38
Toilette	les toilettes (lee toalett)	21
Toilettenbürste	la brosse à toilette (la bross a toalett)	20
Toilettenpapier	le papier hygiénique (le papiee hiischeeniiik)	21
tragen	porter (portee)	6
Traktor	le tracteur (le traktör)	30
traurig	triste (triist)	41
trinken	boire (boar)	7
trocken	sec (säk)	41
Truthahn	le dindon (le dindon)	30
T-Shirt	le t-shirt (le tiischört)	9
Tür	la porte (la port)	30
Turnschuhe	les chaussures de gymnastique (lee schossür de schimnastiik)	9

U

U-Bahn	le métro (le meetroo)	23
Uhr (Wanduhr)	la pendule (la pendüül)	42
Uhrzeit	le temps (le tem)	42
umarmen	embrasser (embrassee)	7
unten	en bas (en ba)	40
Unterhemd	le maillot de corps (le majo de korr)	8
Unterhose	la culotte (la külott)	8
Untertasse	la soucoupe (la ssuukuup)	16
Urgroßmutter	l'arrière- grand-mère (lariär gran mär)	38
Urgroßvater	l'arrière- grand-père (lariär gran mär)	38

V

Vase	le vase (le waas)	15
Vater	le père (le pär)	19/38
Verkäuferin	la vendeuse (la wendöös)	26
Verkehrsschild	le panneau de signalisation (le pannoo de sinjalisation)	39
Videokassette	la vidéocassette (la videokassätt)	15
Videorecorder	le magnétoscope (le manjeetoskopp)	15
viel	beaucoup (bookuup)	40
vier	quatre (kattre)	43
Viertel	le quart (le karr)	42
vierzehn	quatorze (kattorss)	43
Vogel	l'oiseau (loasoo)	35
Vogelscheuche	l'épouvantail (leepuhwanntei)	35
voll	plein (plen)	40
Vorhang	le rideau (le riidoo)	15

W

Waage	la balance (la balans)	21
Wachsmalstift	le crayon cire (le kreejo ssiir)	25
Wärmflasche	la bouillotte (la buijott)	21
Wäsche	le linge (le länsch)	21
Wäschekorb	le panier à linge (le paniiee a länsch)	10
Wäschetrockner	le sèche-linge (le säschlinsch)	10
Wald	la forêt (la forä)	35
Wand	le mur (le mür)	25
Wange	la joue (la schuh)	5
Waschbecken	le lavabo (le lawaboo)	20
Waschbeutel	la trousse de toilette (la truus de toalett)	20
waschen	laver (lawee)	7
Waschmaschine	la machine à laver (la maschin a lawee)	10
Wasserball	le ballon de water-polo (le ballon de watärpolo)	32
Wasserhahn	le robinet (le robiinee)	21
Wecker	le réveil (le reeweij)	13
Weg	le chemin (le scheme)	34
Wegweiser	le guide (le giid)	34
weich	mou (muh)	41
Weide	le pâturage	30
weinen	pleurer (plöree)	6
wenig	peu (pöh)	40
werfen	jeter (jötee)	7
Wiese	le pré (le pree)	34
Winter	l'hiver (liiwer)	36
Wintergarten	le jardin d'hiver (le schardeniiwär)	11
Wischmopp	la serpillière (la särpijiäre)	11
Woche	la semaine (la semän)	42
Wolke	le nuage (le nüaasch)	33
Würfel	le dé (le dee)	13
Würstchen	la saucisse (la ssossiiss)	28
Wurst	la saucisse (la ssossiiss)	19
Wurstwaren	la charcuterie (la scharküterie)	26

X

Xylophon	le xylophone (le xilofonn)	12

Z

Zähne putzen	brosser les dents (brossee lee den)	6
Zahl	le nombre (le nombre)	25
Zahlen	les nombres (lee nombre)	43
Zahn	la dent (la den)	5
Zahnbürste	la brosse à dents (la bross a den)	21
Zahnpasta	le dentifrice (le dentiifriis)	21
Zahnputzbecher	le verre à dents (le wär a den)	20
Zange	la pince (la pins)	11
Zaun	la clôture (la klotür)	30
Zebra	le zèbre (le säbr)	29
Zebrastreifen	le passage clouté (le passaasch klutee)	22
Zeh	l'orteil (lorteij)	4
zehn	dix (diis)	43
Zeichnung	le dessin (le dessen)	24
Zeitschrift	le magazine (le magasiin)	14
Zeitschriften	les magazines (lee magasiin)	27
Zeugnis	le bulletin (le bülleten)	24
ziehen	tirer (tiiree)	6
Zifferblatt	le cadran (le kadra)	42
Zirkel	le compas (le compa)	24
Zitrone	le citron (le ssiitro)	26
Zug	le train (le tren)	39
zuhören	écouter (eekuutee)	6
Zunge	la langue (la lang)	5
zwanzig	vingt (wen)	43
zwei	deux (döö)	43
zwölf	douze (duus)	43